FRAGMENTS

GLANÉS DANS LA

Théosophie Occulte

D'ORIENT

PAR

LADY CAITHNESS

DUCHESSE DE POMAR

PRÉSIDENTE DE LA SOCIÉTÉ THÉOSOPHIQUE

D'ORIENT ET D'OCCIDENT

PARIS

NICE

IMPRIMERIE V.-EUG. GAUTHIER & Cᵒ

21, Avenue de la Gare, 21

1884

Théosophie Occulte

D'ORIENT

Ces fragments ont été lus dans diverses réunions de l'hiver 1884, aux membres de la Société Théosophique résidant à Nice.

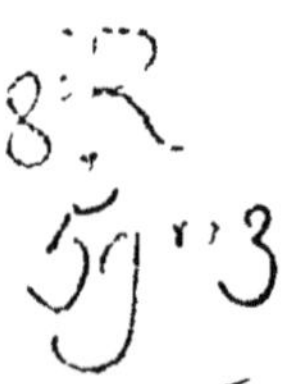

Impr. V.-Eug. GAUTHIER et Cie
avenue de la Gare, 21
Nice

FRAGMENTS

GLANÉS DANS LA

Théosophie Occulte

D'ORIENT

PAR

LADY CAITHNESS

DUCHESSE DE POMAR

PRÉSIDENTE DE LA SOCIÉTÉ THÉOSOPHIQUE
D'ORIENT ET D'OCCIDENT
A
PARIS

NICE
IMPRIMERIE V.-EUG. GAUTHIER & C°
21, Avenue de la Gare, 21

1884

THÉOSOPHIE

« Théosophie » veut dire la « Sagesse divine » ainsi que Platon et d'autres théosophistes l'ont définie.

C'est une science royale qui contient des mystères encore inconnus pour la plupart de l'humanité.

Un matérialiste peut parfaitement être théosophiste car lui aussi tâche de trouver la solution des lois de la nature encore cachées à nos yeux.

La Théosophie est le point le plus élevé où l'on se puisse placer pour embrasser toutes les vues et tous les enseignements qui doivent servir à la découverte de la vérité.

La Théosophie accepte toutes les branches du savoir et s'efforce de concilier les doctrines contradictoires des différentes Ecoles; ne niant rien et tâchant de tout approfondir.

Bien qu'étudiant tous les systèmes, les théosophistes n'en enseignent aucun. Ils laissent à chacun le droit de raisonner et de chercher la vérité par soi-même. Nos membres tâchent seulement de s'aider mutuellement dans leurs recherches, et d'animer par leurs réunions l'intérêt qui s'y attache. Chacun de nous est prêt à accepter une conviction quelconque quand la vraisemblance d'une hypothèse lui est démontrée d'accord avec la science moderne, la logique et la raison.

Mais ce que nous exigeons fermement c'est que l'on étudie, c'est que l'on compare et qu'on réfléchisse avant d'accepter quoi que ce soit sur le témoignage d'autrui.

Il a été dit poétiquement que la Théosophie est cette branche de l'astronomie qui prouve que l'Esprit est la seule étoile fixe qui ne varie jamais à travers la révolution de la nature.

La Théosophie est cette branche de l'optique qui élargit nos vues de manière à voir au delà de la nature physique.

La Théosophie est cette branche de la musique qui met en harmonie la nature physique et la nature spirituelle.

La Théosophie est cette branche du Christianisme qui démontre le Christ spirituel du Christ corporel qu'enseigne l'orthodoxie.

La Théosophie est le résumé de la sagesse du Brahma Arien; la félicité éternelle et la vie sans fin. En somme, c'est la base de toute science qui existe de toute éternité.

FRAGMENTS

DE

Théosophie d'Orient

Les Mahatmas

C'est sous les auspices des maîtres des Indes appelés les Mahatmas, que la Société Théosophique fut fondée, il y a plus de huit ans, en Amérique, par Mme Blavatsky, auteur de l'*Isis Dévoilée*, et par le colonel Olcott, un officier américain, qui servit sa patrie avec distinction, dans l'armée du Nord, pendant la guerre de Sécession.

Les Mahatmas, adeptes des sciences occultes, sont centralisés en Asie. Les initiés sont recrutés dans toutes les parties du globe. Des hommes appartenant aux différentes nationalités Européennes en font partie ; mais quand un initié aux sciences occultes a atteint un certain degré de développement psychique, non seulement ses progrès l'ont doué de nouvelles facultés, mais encore le rendent sensible à des influences dont la plupart de nous n'ont aucune idée. Il se voit forcé de s'éloigner des centres où prédominent les passions physiques et les instincts matériels. Dans les villes populeuses, des sens aussi raffinés que les siens seraient absolument superflus, comme, par exemple, la vue n'est d'aucun usage dans un brouillard épais.

Voilà pourquoi les initiés supérieurs se sont retirés au centre de l'Asie, dans les régions les moins fréquentées, pour y poursuivre leur tâche éminemment importante : préserver et faire progresser autant que possible la sagesse qu'ils gardent en dépôt, jusqu'au jour où l'humanité sera mûre pour la recevoir.

De prime abord il semble incompréhensible qu'il puisse exister une science pour laquelle le XIXme siècle ne soit pas mur. De nos jours, le fanatisme est sans pouvoir pour imposer silence aux savants. La pensée est libre. Quel que soit le degré de savoir qu'acquiert un homme, nous croyons qu'il est de son devoir de le faire partager à ses semblables.

Les adeptes ne sont pas de cet avis ; car leurs connaissances donnent aux hommes des pouvoirs que nous n'avons entrevu jusqu'à présent que par l'imagination, les ayant qualifiés de surnaturels.

Si l'on conférait de semblables pouvoirs à des hommes encore placés sous l'empire de l'égoïsme et de la concupiscence, ce serait faire à la société plus de mal que de bien. Un homme doué des pouvoirs d'un adepte, s'il est en proie à d'indomptables passions, pourrait mal faire impunément, car il n'aurait besoin d'y employer aucune force physique proprement dite.

Ceux à qui les adeptes confient leur science, leurs disciples immédiats, sont mis à l'épreuve pendant de longues années, quelquefois la moitié de leur vie, avant d'être armés de ces pouvoirs extraordinaires.

L'aspirant aux sciences occultes doit, en rompant avec une vie qui pourrait lui donner des jouissances matérielles, prouver tout d'abord qu'aucun mobile personnel n'est la cause déterminante de ses actes, que son développement moral et le service des intérêts spirituels de l'humanité sont ses seules aspirations, et alors peu à peu on l'éclaire sur les pouvoirs qui le mettent à même de connaître une vie supérieure à celle où le monde en général peut atteindre.

. . . .

Qu'un pareil savoir donne à l'adepte la possibilité de lire dans la pensée d'autrui, sans qu'aucune dissimulation puisse le tromper, qu'il lui donne la faculté de pénétrer des mystères non accessibles aux investigations de nos sens physiques et qui atteignent presque à l'infini, qu'il lui procure des moyens de contrôle sur les phénomènes matériels par l'emploi de forces que la science jusqu'à ce jour n'a pu encore découvrir, qu'il jouisse de toutes ces facultés et de bien d'autres encore, que l'intelligence occidentale peut à peine concevoir et qui sont acquises par l'adepte dans le cours de son évolution progressive; ce ne sera cependant point pour lui un sujet de tentation. Car il a dépassé la région des désirs dans laquelle ces pouvoirs auraient pu le conduire au mal. Il est devenu un coopérateur de la nature pour le bien.

Mais voici que les adeptes de la science spirituelle appelés par la littérature Indou Mahatmas, et désignés par les théosophistes modernes sous le nom de Frères des Himalayas, ont considéré que les temps étaient venus de révéler au monde une partie de la doctrine ésotérique dont il sont les fidèles gardiens.

Ils n'ont pas encore l'intention de révéler toutes les

lois dont ils ont la connaissance ; mais ceux qui ont suivi les publications théosophiques des dernières années comprennent parfaitement qu'ils prendront dorénavant dans leurs relations avec le monde extérieur une autre règle de conduite.

Bien que jusqu'à présent ils aient tenu à garder le secret même sur leur existence, excepté pour ceux qui se sont dévoués à la vie occulte, ils s'accordent cependant à laisser propager leur doctrine en permettant aux élèves qui sont en rapport avec eux de les avouer publiquement. Bien plus : il leur arrive assez souvent de donner des preuves de leur existence et de leur pouvoir à des personnes qui ne sont pas néophytes et qui n'ont point fait vœu de suivre la vie d'abnégation.

C'est pour consacrer ce nouveau mode de relations avec le monde extérieur qu'ils ont fondé la Société Théosophique.

Cette Société poursuit à présent un but bien déterminé. Elle doit étudier une foule de doctrines qui lui sont présentées comme contenant des vérités fondamentales en ce qui regarde la cosmogonie, l'origine et la destinée des hommes, la nature de leur développement spirituel, ce qui, au fond, constitue l'essence de toute religion et l'interprétation religieuse de la science.

Ici, comme aux Indes, les fondateurs tiennent à ce que le mouvement soit regardé comme n'*imposant* aucune vue définitive sur l'ordre des choses. C'est une association ayant pour objet les études philosophiques reliées essentiellement aux recherches dans le domaine des sciences occultes et des facultés latentes inhérentes à l'homme.

Beaucoup de personnes se livrant à d'autres recherches que celles prescrites par les frères sont cependant liées à la Société et leur adhésion sert à concilier des antipathies plus apparentes que réelles.

Ce que nous venons de dire sur l'état actuel de la Société et sur les circonstances dans lesquelles elle a été établie ne peut donner qu'une idée générale sur ses vues et ses opérations. Un volume très remarquable a été écrit pour analyser avec clarté, simplicité et brièveté, les théories qu'enseignent les frères (1).

(1) *Esoteric Buddhism* by A. P. Sinnett (London); livre où ont été glanés une partie des fragments qui suivent.

Cet exposé ne pourra sans doute pas mettre le lecteur au courant des moyens par lesquels on acquiert les facultés occultes. C'est une route longue et pénible qu'il faut parcourir pour y atteindre. Nous ne pourrions pas même en esquisser les lignes principales dans une aussi courte explication, car cela nécessite un travail ardu et un effort prolongé ; mais si ce qu'enseignent les frères est la vérité (ce dont ne doutent nullement leurs disciples), l'étude de leur doctrine doit faire pénétrer l'humanité dans les arcanes du savoir transcendant qui est destiné à devenir la gloire de la race humaine dans sa maturité.

Différant encore en ceci des sectes religieuses, les théosophites ne se rallient point sous tel ou tel symbole.

Comme ils sont engagés dans des études sérieuses et s'avançant avec précaution dans des voies inconnues, leurs réunions n'ont été jusqu'à présent ouvertes qu'à leurs membres, et ceux-ci ont été admis par recommandation et par élection, comme cela se fait dans d'autres sociétés. Cependant ils sont toujours prêts à répondre à quiconque s'adresserait à eux dans un esprit de sympathie.

Bouddha

Bouddha naquit à Kusinagara en Oudh, sur les bords du Néphane, environ 620 ans avant Jesus-Christ et mourut vers l'an 543.

Si on considère les époques, toutes les croyances actuelles sont jeunes devant la religion qu'il révéla au monde. Il n'y a que cent ans à peine qu'on sait quelque chose en Europe sur cette grande foi de l'Asie, bien qu'elle existe depuis plus de vingt-quatre siècles et dépasse toutes les autres en forme et en croyance ainsi que par le nombre de ses partisans et par l'étendue de sa domination.

Quatre cent soixante dix millions de notre race vivent et meurent dans les enseignements de Guatama Bouddha, et la domination spirituelle de cet ancien Maître s'étend aujourd'hui de Nepaul et Ceylan sur toute la péninsule orientale, en Chine, au Japon, au Thibet, jusqu'à l'Asie centrale, en Sibérie même et au Laplande suédois.

On peut hardiment inclure l'Inde dans cet empire superbe de la croyance : car, bien que la confession bouddhiste soit presque éteinte dans la patrie où elle prit naissance, le sceau de l'enseignement de Bouddha est empreint ineffaçable sur le brahmanisme moderne, et les habitudes les plus caractéristiques ainsi que les convictions des Indous prouvent clairement la bienveillante influence des préceptes de Bouddha.

Donc plus d'un tiers de l'humanité doit son instruction morale et religieuse à cet illustre prince, dont la personnalité bien qu'imparfaitement dépeinte dans les sources historiques ne peut que nous impressionner comme le plus distingué, le plus grand, le plus saint et le plus bienveillant des hommes (à une exception près) dans l'histoire des Penseurs.

Les livres bouddhistes, quoiqu'ils diffèrent sur plusieurs points et soient malheureusement surchargés de fausses interprétations, d'inventions ou d'altérations, s'accordent cependant à ne jamais relater une seule parole ou une seule action susceptible de jeter une ombre quelconque sur la pureté et la tendresse de ce maître Indou, qui unissait en lui les qualités princières les plus nobles avec l'intelligence d'un sage et la dévotion passionnée d'un martyr.

Le bouddhisme enseigne la charité pour les animaux aussi bien que pour les hommes. Il réclame un sentiment d'affection pour tout être vivant. Voilà pourquoi ses mains sont sans souillure de sang et absolument pures de tout crime.

Et en enseignant cette « Charité » une charité sans borne pour tous, même pour ses ennemis, le Bouddhisme n'a jamais admis la *possibilité*, bien moins encore la nécessité de tirer l'épée pour contraindre le monde à accepter les doux préceptes de l'amour et de l'espérance.

Mr Barthélemy Saint-Hilaire lui-même, bien que méconnaissant le Bouddhisme sur plusieurs points, dit du prince Siddartha : « Sa vie n'a point de tache ; son constant héroïsme égale sa conviction, et si la théorie qu'il préconise est fausse, les exemples personnels qu'il donne sont irréprochables. Il est le modèle achevé de toutes les vertus qu'il prêche, son abnégation, sa charité, son inaltérable douceur ne se démentent point un seul instant.

« Il prépare silencieusement sa doctrine par six années de retraite et de méditation, il la propage par la seule puissance de la parole et de la persuasion pendant plus d'un demi-siècle, et quand il meurt entre les bras de ses disciples c'est avec la sérénité d'un sage qui a pratiqué le bien toute sa vie, et qui est assuré d'avoir trouvé le vrai. »

A Bouddha est donc dévolue cette énorme conquête sur l'humanité, et bien qu'il n'admît point de cérémonies et se déclarât seulement être ce que les autres pourraient devenir, même quand il fut sur le perron de Nirvana, l'amour et la reconnaissance de l'Asie entière, désobéissant à son commandement, ont fini par l'adorer. Sa tombe si pure est journellement jonchée de fleurs et des millions de lèvres murmurent : « Je prends mon refuge en Bouddha ! »

Bouddha et le Christ

Loin de vouloir remplacer le Christianisme par le Bouddhisme, nous voulons démontrer qu'ils se complètent. Bouddha et Jésus sont indispensables l'un pour l'autre. Car Bouddha est l'intelligence, Jésus est le cœur. Bouddha est un système, Jésus, un centre radieux.

« Bouddha est la généralité, Jésus est le particulier. Bouddha est le frère de l'univers, Jésus est le frère de l'homme. Bouddha est la Philosophie, Jésus est la Religion. Mais Bouddha est un état, tandis que Jésus est un principe éternel.

« Bouddha a préparé la voie pour Jésus, car il faut que l'intelligence soit développée avant que les affections *supérieures* puissent être conçues. Voilà pourquoi Jésus a complété Bouddha. »

SOMMAIRE DU CREDO BOUDDHISTE

Question. — Quel est le but de la Religion?

Réponse. — Subjuguer entièrement les passions, et pratiquer la charité universelle.

Question. — Quelle est la source réelle du bonheur et l'émancipation des misères humaines?

Réponse. — Subjuguer entièrement les passions et pratiquer la charité universelle.

Question. — Quelle est la fin de l'existence?

Réponse. — Nirvâna — ou la subjugation entière des passions et la pratique de la charité universelle.

La Constitution de l'Homme

En faisant quelques extraits des enseignements transmis par les frères adeptes des Himalayas au profit des membres de leur Société théosophique, je crois nécessaire de fixer votre attention d'abord sur le genre oriental de ces instructions.

Le système oriental, pour propager le savoir, diffère essentiellement du système européen par sa méthode. Tandis que l'Européen est accoutumé à discuter chaque point et à combattre de prime saut les convictions d'autrui, l'Oriental, de nature calme, écoute avec recueillement ce qu'on avance et ne formule son opinion qu'après mûre réflexion, quand il a soigneusement pesé et médité tout ce qu'il a entendu. Voilà certes un grand avantage qu'ont les Orientaux sur les Européens, tant pour le maître que pour l'élève; car faire comprendre certaines doctrines occultes n'est certes pas une tâche aisée, et si l'on est obligé d'interrompre l'exposition d'une thèse à tout moment pour faire face aux observations de détail et aux opinions que suggère la variété des esprits, il est de toute impossibilité de la mener à bonne fin.

J'insiste donc sur ma prière d'écouter avec calme ce qu'il m'a été permis de divulguer des quelques doctrines ésotériques du genre oriental. Et ici encore j'ai à vaincre une nouvelle difficulté, puisque tout mon auditoire n'est pas initié à notre Société, et que ces doctrines n'ont été révélées qu'au profit des membres sous le sceau du secret, les profanes n'étant pas encore préparés à les recevoir.

La science ésotérique orientale, bien que ce soit un système entièrement spirituel, nous donne la conception la plus élevée que puisse imaginer l'esprit humain, en nous montrant l'évolution admirable de toute la nature. Mais leur méthode de cultiver la science a toujours différé de celle employée en l'occident avec les progrès de la science moderne.

Pendant que l'Europe a exploré la nature aussi publiquement que possible, chaque découverte ayant été discutée et analysée avec une liberté complète, et tout fait nouveau colporté pour le bien public, la science asiatique a été étudiée en secret et toute nouvelle conquête gardée avec un soin jaloux.

Toutefois, même en Occident, ce qui a rapport à l'astrologie, l'alchimie et au mysticisme n'a généralement pas été divulgué. Quelques esprits d'élite seulement ont été capables de retrouver ces grandes vérités cachées sous des passages obscurs et par lesquels ils sont montés jusqu'au sommet du savoir; mais à peine se virent-ils initiés aux grands mystères que selon les lois de ces écoles, le secret sur les vérités, et sur tout ce qui concerne ces études leur fut imposé.

De même le « Chela » ou disciple de l'Occultisme en Asie est dans l'obligation de ne divulguer en rien les mystères de la science occulte, et c'est chose inconcevable qu'un Chela faisant au monde profane des révélations pour quelque motif que ce soit sans y avoir été au préalable absolument autorisé. Cette raison explique pourquoi la grande école ésotérique a toujours gardé à travers les âges et garde encore par rapport au vulgaire son secret merveilleux.

Les principes supérieurs des sept éléments qui constituent l'homme ne sont pas encore développés dans l'humanité à l'état actuel, mais un homme *parfait* selon les enseignements ésotériques serait doué des éléments suivants, qui, d'après le sanscrit, sont ainsi nommés :

1. RUPA.	1. *Le corps.*
2. JIVA.	2. *La vitalité.*
3. LINGA SHARIRA.	3. *Le corps astral* (périsprit).
4 KAMA RUPA.	4. *L'âme animale* } (anima bruta ou volonté).
5. MANAS.	5. *L'âme humaine.*
6. BUDDHI.	6. *L'âme spirituelle* (anima divina).
7. ATMA.	7. *L'esprit.*

L'état que nous appelons la mort n'influence que les trois premiers principes, le corps, la vitalité et la forme astrale humaine (Linga Sharira).

Le corps, comme nous le savons, se décompose pour entrer dans d'autres combinaisons. La force vitale se dissipe pour entrer dans de nouvelles relations et animer d'autres organismes, et le corps astral se meurt avec le corps.

Ces trois principes, comme on voit, sont entièrement terrestres et par conséquent périssables bien qu'indestructibles par égard aux molécules. Mais ils sont absolument séparés de l'homme à sa mort.

. . . .

Non seulement l'homme, mais toute chose, les animaux, les plantes et les minéraux sont aussi composés des sept principes, et le principe suprême, le septième, anime ce fil non interrompu de la vie à travers la nature, unissant par une succession continue les innombrables transformations de cette vie unique qui constitue une série complète.

Toutes ces différentes conceptions, nous devons tâcher de les réunir, de les fixer et d'en extraire la quintessence pour pouvoir concevoir la doctrine du sixième principe.

En poursuivant l'ordre des motifs qui nous ont suggéré le terme « âme animale » ou *anima bruta* pour définir le quatrième principe, et le terme « âme humaine » pour définir le cinquième, le sixième peut être nommé « âme spirituelle » ou *anima divina*.

Comme chrétienne, et m'adressant à des chrétiens je le désignerai même sous le nom de l'*esprit du Christ* parce que, quand nous le possédons entièrement, il transforme le fils de l'homme en Fils de Dieu.

Ensevelissez le corps sous la terre il se décompose et ses molécules vont former d'autres corps. La vitalité qui est une force animée change la matière brute et inorganique en matière vivante et organisée.

Le troisième principe, le corps astral est le double éthéré du corps physique, comme qui dirait son enveloppe aérienne ; et sa mission est de guider le Jiva ou Vitalité dans son œuvre de construction pour élever les parcelles physiques à la forme qu'elles revêtiront. A la mort, ce corps astral (Linga Sharira) peut se rendre visible aux personnes vivantes, qui le prennent pour un spectre ou l'apparition du défunt, mais il n'a pas conscience de soi-même : c'est comme un nuage au Ciel.

Le quatrième principe, celui qui sépare les trois supérieurs des trois inférieurs ou silhouette astrale est le premier qui appartient à la nature supérieure de l'homme. La dénomination du Sanscrit *Kama Rupa*, est souvent traduite par le « corps du désir », en d'autres termes c'est le véhicule de la volonté.

En réalité l'âme animale, *anima bruta*, comme elle est le quatrième principe, par conséquent le centre des sept principes, se trouve être l'axe qui sépare les trois principes terrestres ou matériels des trois principes supérieurs et spirituels.

Le cinquième, l'âme *(Manas)*, est essentiellement propre à l'espèce humaine. Bien que l'humanité tienne de la brute par son organisation corporelle comparée à l'esprit, elle est cependant élevée au-dessus de ce qu'on désigne sous le nom de créature animale.

Le quatrième qui est la volonté, est le principe le plus développé chez l'animal, et devient susceptible de progresser par l'union avec le cinquième principe dans l'homme. Mais ce cinquième principe *(Manas)* ou l'âme humaine n'est encore que faiblement développé dans l'humanité.

Puisque le cinquième est à peine développé il va sans dire que le sixième n'existe qu'à l'état d'embryon ; en effet, on peut dire que, en réalité, nous ne possédons pas ce sixième principe. Nous n'en avons que les indices ; il plane sur nous, c'est le but vers lequel notre nature intérieure doit tendre ; c'est le degré de perfection que nous devons de tous nos efforts travailler à atteindre.

Le septième principe, *Atma*, est l'Esprit par lui-même, c'est l'étincelle divine.

Pris sous un autre point de vue, le sixième principe (l'âme spirituelle *anima divina*) peut être nommé le véhicule du septième (de l'esprit) tandis que le quatrième (l'âme animale *anima bruta*) est le véhicule du cinquième (âme humaine) et selon encore une autre manière d'envisager ce problème, on peut regarder chacun des principes supérieurs à partir du quatrième comme étant le véhicule de ce que la philosophie Bouddhiste appelle la vie unique ou l'Esprit.

Dans l'animal la vie unique est concentrée dans le *Kama Rupa*, le quatrième principe, qui est la volonté ou *anima bruta*. Dans l'homme elle commence à pénétrer déjà le cinquième principe. Dans l'homme développé à un grand degré, elle pénètre le sixième, et quand elle a pénétré le septième, l'homme n'est plus homme; il atteint à une condition d'existence entièrement supérieure.

J'avoue que pour ma part cette division des sept principes me satisfait pleinement, car je vois que dans la nature il faut toujours le même nombre pour arriver à la perfection. Prenons, par exemple, les sept couleurs pour former la parfaite lumière blanche, les sept notes pour former l'harmonie dans la musique. Et bien que l'habitude ne nous ait montré que quatre éléments, la terre, l'air, le feu et l'eau, peut-être serions-nous autorisés à en admettre sept. Car les Anciens auxquels nous devons cette énumération ne connaissaient ni le fluide astral ou Odic, ni l'électricité, ni le magnétisme.

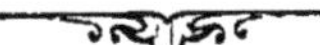

Karma

Je veux maintenant profiter de votre attention et de l'avantage que me donne votre attitude vraiment orientale pour attirer vos esprits sur deux autres doctrines très importantes qui nous viennent de l'Orient. Je ne ferai que les effleurer légèrement, espérant que l'été qui procure tant de longues heures de loisir pour la méditation, éveillera en vous le désir de faire de ces vastes doctrines un sujet d'étude ; et quand l'hiver prochain nous réunira de nouveau, quand nous aurons le plaisir de renouveler nos causeries autour de cette table, chacun de vous présentera à l'assemblée le résultat de ses observations au profit de l'enseignement mutuel, et pour l'avantage de tous.

Un de ces deux sujets que je vous conseillerai d'étudier parce qu'il offre un intérêt essentiel est la doctrine du *Karma* qui forme une des phases les plus intéressantes de la philosophie Bouddhiste.

Karma est une expression générale pour désigner

un groupe d'affinités compliquées de bien et de mal qui sont amassées par l'être humain durant sa vie, et dont la résultante s'imprime dans les molécules de son cinquième principe, *Manas*, ou âme humaine.

Nous ne sommes pas à même d'expliquer par quel changement moléculaire des affinités supérieures, ce qui constitue le Karma est fixé dans les éléments permanents du cinquième principe. Mais la science ordinaire non plus ne peut expliquer ce qui force la molécule d'oxygène à se séparer de la molécule d'hydrogène avec laquelle elle fut liée dans la goutte de pluie pour s'attacher à une autre molécule en tombant sur une barre de fer. Cependant, c'est un fait, la tache de rouille est engendrée.

Ainsi, avec Karma, le cinquième principe absorbe les actions, bonnes ou mauvaises, pendant le passage par la vie, pour en subir toutes les bonnes ou mauvaises conséquences,

Car la seule chose qui reste quand l'homme meurt, c'est la résultante de tous ses actes, discours et pensées. Ce qu'il a semé, il le recueillera. Et s'il récolte des chagrins, des déceptions et des douleurs, c'est qu'il aura semé lui-même ou dans cette incarnation ou dans

. . . .

une incarnation antérieure, des erreurs, des fautes ou des crimes.

Aussi sûrement qu'une molécule d'oxygène, à côté de centaines d'autres molécules, s'absorbera avec celles qui ont pour elle le plus d'attraction, la monade spirituelle du Karma se précipitera vers l'état d'incarnation, bonne ou mauvaise, qui l'attire par une affinité mystérieuse.

Pour essayer de saisir comment opère le *Karma*, rappelons-nous ce qui a été dit du mode de séparation des sept principes de l'homme à sa mort.

Les trois principes inférieurs c'est-à-dire le corps, la vitalité physique et son double astral, quittent entièrement ce qui peut s'appeler l'homme, et les quatre principes supérieurs ou ceux d'entre eux qui ont été développés s'échappent vers ce monde qui suit le nôtre.

Si nous disons « celui qui suit le nôtre » c'est dans un sens spirituel qu'il faut l'entendre, car il ne le suit nullement, il est en lui, et existe par lui. Pour ce qui regarde le lieu ou l'étendue astrale, c'est le *Kama-loca* selon l'expression familière du sanscrit.

Ici la dualité s'accentue en ce que les quatrième et cinquième principes, la volonté ou *anima bruta* et l'âme humaine, se joignent d'un côté, et que les sixième et septième principes, l'âme spirituelle et l'esprit, se joignent de l'autre. Cette division s'étend presque à un triple partage puisque le sixième et le septième principes cherchent à élever le cinquième à leur hauteur, tandis que le quatrième qui est la volonté ou l'âme animale tend à l'attirer à ses inclinations terrestres.

Ainsi disputé par les principes inférieurs et supérieurs le cinquième qui est par lui-même un composé se subdivise.

Les éléments les plus développés, les meilleurs et les plus purs s'attachent au sixième et septième tandis que toutes ses inclinations viles, ses souvenirs impurs et ses instincts grossiers s'abandonnent au quatrième. Le voilà en quelque sorte mis en pièces.

Les restes inférieurs, s'unissant au quatrième, planent dans l'atmosphère terrestre, tandis que les meilleures parties qui en réalité forment le véritable *Ego*, l'individualité, jointes aux sixième et septième principes, entrent avec eux dans une condition spirituelle appelée par les Orientaux le « *Devachan* ».

Devachan

—∞—

Cet état du Devachan correspond en quelque sorte à ce que nous autres, Européens, nommons le Ciel ; mais, cependant, il en diffère sur bien des points importants que nous allons relever.

C'est une vie *d'effets* non de *causes ;* une vie où nous recevons nos salaires mérités ; nous n'y travaillons plus pour les recevoir.

Ce qui constitue l'*Ego* et qui survit dans le Devachan, est la personnalité de l'homme ayant conscience de lui-même, de ses aspirations supérieures, de ses affections, voire de ses goûts, durant la vie terrestre. Peut-être pouvons-nous le désigner sous le terme de l'essence de l'individualité.

Mais la monade individuelle survit à toutes les transformations, elle parcourt toutes les phases évolutives dans le cours de son développement, passant de corps en corps, de planète en planète. Dans chaque naissance la personnalité diffère de celle qui la précède ou qui la suit. *Karma*, le *deus ex machina* se reflète tantôt dans la personnalité d'un sage, tantôt dans celle d'un artisan et ainsi de suite à travers une longue série de réincarnations.

Pour vous rendre plus facile la conception d'un tel enchaînement, je vous ferai une comparaison : songez aux grains d'un chapelet. Chaque grain du chapelet représentant une individualité, le fil qui les relie figure le même courant de vie. Les personnalités changent, le courant est le même. C'est donc toujours la même série de vie, qui se perpétue dans cette ondulation vitale individuelle. Et cette succession commence à Nirvana où la nature subjective parcourt la nature objective sous l'impulsion du Karma, pour retourner, après avoir terminé une longue série de transformations, à son point de départ, Nirvana.

Considérons à présent l'ondulation de la vie, ou le fil qui réunit les grains du chapelet comme Individualité, et la série de ses manifestations, les grains, comme une Personnalité séparée, et nous verrons que de cette manière les formes élémentaires du « Moi » dans une vie diffèrent sans cesse du « Moi » d'une seconde transformation.

Ainsi, il y a deux champs des manifestations, des effets et des causes : l'objectif et le subjectif. Les forces grossières qui opèrent dans les conditions denses de la matière, et qui suivent le quatrième principe (la volonté) Kama-Rupa ou l'âme animale, se manifesteront objectivement dans la vie physique future, leur émanation étant le grain qui suit la nouvelle personnalité de chaque réincarnation et s'avance dans la grande chaine de l'évolution individuelle.

Il n'y a que les actions morales et spirituelles qui trouvent leur champ d'action dans le Devachan. Et je répète ici ce que disent les écrits, que *Devachan* est un état, non pas un lieu quelconque ; de même que *Avitchi*, son état contraire, que je vous prie de ne pas confondre avec l'enfer.

La science ésotérique, la philosophie bouddhiste admet trois places principales appelées *lokas :* 1° Kama-loka, 2° Rupa-loka et 3° Arupa-loka :

Le Kama-loka est le monde du désir et de la passion non satisfaite pour les goûts terrestres ; c'est le séjour des fantômes, des victimes élémentaires et des suicidés.

Le Rupa-loka est le monde des formes, c'est-à-dire des ombres plus spirituelles qui possèdent une forme et de l'objectivité, mais pas de substance.

Et l'Arupa-loka est le monde sans forme ou plutôt

incorporel, puisque ses habitants ne peuvent avoir pour l'œil du mortel ni forme, ni couleur.

Voilà donc les trois sphères ascendantes spirituelles du *Devachan* et de l'*Avitchi*, chacun de ces états renfermant des subdivisions innombrables. Car il existe une échelle infinie dans l'ascendance de progrès spirituel et la descendance de sentiment intense, depuis le Rupa le plus bas jusqu'à l'Arupa-loka le plus élevé et inversement.

Il ne faut pas oublier que la personnalité implique l idée de délimitation et que, plus les idées d'une personne sont égoïstes et bornées, plus elles s'accrochent aux sphères inférieures.

Le Karma du mal dans toute son étendue, est aussi sûr d'être accompli par le Karma du bien.

La Chaîne planétaire

Il est encore une autre doctrine d'un grand intérêt sur lequel je voudrais porter votre attention, vous engageant à en faire une étude spéciale : c'est la chaîne planétaire de l'univers, dont notre terre fait partie.

Car l'évolution de l'homme n'est pas une phase limitée à cette planète. C'est un état auquel ont contribué plusieurs mondes dans diverses conditions de développement matériel et spirituel.

Un des grands faits que la science occulte nous présente, à propos de l'origine de l'homme sur ce globe, nous aidera à envisager plus aisément l'idée scientifique de l'évolution.

L'idée ordinaire d'admettre une durée de soixante à soixante-dix ans pour notre vie matérielle et une éternité spirituelle pour le restant de l'existence est extrêmement irrationnelle. L'irrationnalité devient même une absurdité quand on admet qu'une Providence juste et omnisciente pourrait arrêter les conditions d'une durée infinie selon les actions de cette vie de soixante-dix ans, pendant laquelle cet être faible et ignorant a pu commettre des méprises ou des fautes.

Mais qu'on ne s'imagine point que tout l'univers étoilé soit l'héritage de l'humanité. Cette supposition serait erronée. Un globe ne suffit certes pas pour le développement entier des phases de la nature par lesquelles passe l'humanité depuis qu'elle a été tirée du chaos. Toutefois ce développement exige sept mondes pour l'accomplissement entier de l'homme parfait.

Séparés comme ils le sont par la matière plus ou moins dense de laquelle ils sont formés, ces mondes sont intimement liés et unis par un courant subtil et des forces sur l'existence desquelles nous n'avons pas de doute, puisqu'elles nous sont prouvées par des faits : l'attraction, par exemple. C'est par ces courants subtils que les éléments de la vie passent de monde en monde.

Le système des mondes est un circuit par lequel tout entité individuelle doit absolument passer, et ce passage constitue l'évolution de l'homme, car il faut comprendre que l'évolution de l'homme n'est jamais complétée, mais est toujours en voie de continuation.

Les écrits de Darwin nous portent à voir dans le singe un de nos ancêtres, mais si nous regardons dans la direction opposée, nous pouvons admettre qu'un jour viendra où nous paraîtrons à nos descendants tels que cet aïeul nous apparait à nous-même.

Cependant, les deux faits avancés ci-dessus se lient ensemble. L'évolution graduelle s'accomplira par nos progrès à travers les mondes du système planétaire, et, dans des formes supérieures, nous retournerons encore et encore sur cette terre.

Nous ne devons cependant pas admettre que nous soyons très avancés sur l'échelle du progrès. Au contraire, notre terre y occupe une place très basse. Les mondes qui se trouvent à un degré supérieur sont ceux où l'Esprit prédomine. Le plus avancé, ainsi que le plus en arrière, c'est-à-dire le premier et le dernier, sont les moins matériels et les plus éthérés, — et ceci se comprend — quand on pense que le plus avancé n'est pas *une fin*, mais le point de départ pour retourner au plus reculé. Une comparaison : c'est décembre qui, quoique le dernier mois de l'année, n'indique pas une cessation du temps, mais ne sert que de transition pour atteindre janvier qui commence une année nouvelle.

L'entité ou la monade spirituelle qui a accompli le

cercle de l'évolution par les différents états de développement à travers ces existences variées qui nous entourent, recommence son nouveau cycle sur une échelle supérieure.

Bien des fois cette monade fait le tour du système mais son passage circulaire ne s'exécute pas dans la meme orbite, c'est une ascension spirituelle sur l'échelle de la perfection.

C'est l'évolution spirale accomplie par les impulsions de vie qui développe et augmente les manifestations de la nature. Ceci explique les variétés des formes animées qui peuplent notre terre, autrement dit l'échelle des êtres. Le fil d'une vis qui, en réalité, n'est qu'une ligne prolongée, ressemble à des degrés superposés, quand on ne l'envisage que par rapport à la hauteur de son axe.

Les monades spirituelles qui ont fait le tour du système sur l'échelon animal, passent sur un autre monde après avoir terminé leur incarnation animale dans celui-ci. Quand elles retourneront, elles seront préparées pour l'incarnation humaine. Voilà pourquoi il n'est pas nécessaire que les formes animales se transforment ou se développent en formes humaines, puisque celles-ci attendent déjà leurs corps respectifs.

L'impulsion des nouvelles évolutions est donnée en réalité par des monades spirituelles qui reviennent de leur cycle prêtes à animer de nouvelles formes.

Ainsi l'évolution s'accomplit par impulsion dans un progrès spiral à travers l'univers.

Mais le temps ne me permet pas d'entrer dans des détails concernant ces phases évolutionnaires, je dois abandonner à chacun de vous de les étudier séparément, n'ayant tâché que de vous donner un aperçu d'ensemble.

Dans les degrés inférieurs de l'évolution spirale, il y a le même progrès de monde en monde, après la formation graduelle des premières forces élémentaires que subissent les phénomènes de la nature.

En remontant dans le passé, avant l'impulsion de vie humaine, nous remarquons la croissance des formes simplement animales ; avant celles-ci, l'apparition des végétaux ; car sans nul doute les végétaux précédèrent sur la terre les manifestations de la vie animale.

De même les minéraux précédèrent les plantes, et ceux-ci avaient eu encore pour prédécesseurs d'autres productions de la nature.

Ainsi la science occulte retourne en arrière jusqu'à ce qu'elle arrive dans son analyse minutieuse à voir le monde se condenser des nébuleuses ardentes. Mais quittons ce côté de la question, car il nous importe plus pour le présent d'étudier le méthode du progrès et du développement de nous-mêmes.

Le cours de l'évolution dans ses états successifs est continuel, sous ce rapport que les préparations de plusieurs planètes pour servir d'onde vitale et finale à l'humanité peuvent s'accomplir simultanément. Mais l'onde supérieure ne peut agir que sur une place à la fois.

Il nous sera plus aisé de suivre cette théorie si nous construisons sur papier ou dans notre imagination un diagramme fermé de sept cercles, représentant le monde englobé dans un anneau et désignant chaque cercle sous les lettres A. B. C. D. E. F. G.

Le cercle ou globe D représentera notre terre.

La marche de l'évolution a son point culminant dans le courant onduleux final de l'humanité qui, en s'élançant, laisse derrière lui une léthargie temporaire de la nature. Quand l'onde de la vie pénètre dans le globe B, le globe A entre dans un état d'obscurcissement.

Mais ce n'est point un état de décomposition ou de décadence ni ce qu'on pourrait appeler la mort. La décomposition est, elle aussi, et d'une certaine manière, une condition d'activité ; voilà ce qu'il faut prendre en considération si l'on veut bien comprendre plusieurs passages de la mythologie indoue qui traitent des « Dieux » présidant à la destruction.

L'obscurcissement d'un monde est une suspension totale de son activité. La vie végétale et animale continue son cours pendant quelque temps mais elle décline au lieu d'avancer. Une période très longue est nécessaire avant qu'un monde en décadence entre dans le sommeil, car il est évident que la période de l'obscurcissement d'un monde doit durer autant de temps qu'il en faut à l'onde vitale humaine, pour parcourir les six mondes qui le précèdent ou plutôt cinq fois autant de temps, puisque l'on doit tenir compte de la demi-période de l'aurore qui précède ainsi que de l'autre demi-période du crépuscule qui suit la journée de l'activité.

Ainsi l'onde vitale A et B est repétée tout le long de la chaîne. Quand l'onde passe à C, alors B est obscurci tout aussi bien que A. Quand D reçoit l'onde vitale A. B. C. sont obscurcis et quand l'onde atteint le septième monde G, les six premiers se trouvent dans l'obscurité.

Mais tel que les pulsations du cœur et la respiration continuent malgré le sommeil le plus profond d'un homme, les rayonnements d'action vitale continuent même pendant le sommeil le plus intense des mondes en repos. Ces actions-là gardent, en vue du retour de la prochaine onde vitale humaine, le résultat de l'évolution première après son état latent, car chaque réveil à l'activité est un pas vers un degré de perfection de l'onde vitale humaine plus élevé que celui qu'il possédait lorsque l'onde quitta ses bords avant le dernier repos.

Et à chaque renouvellement de vie la nature est douée d'une force et d'une vigueur nouvelles, c'est la fraicheur matinale qui donne l'impulsion à la nouvelle évolution, de sorte qu'au temps du retour de l'onde vitale, du monde G au monde A, celui-ci est tout prêt à la recevoir.

Tel que la chaîne des mondes comme unité possède son nord et son sud, un pôle spirituel et un pôle matériel, qui font descendre l'esprit dans la matière, et le font remonter à l'esprit, ainsi l'humanité suit les mêmes phases. Dans l'évolution humaine, à une place comme dans une autre, il y a une ère descendante et montante, l'esprit s'infiltrant dans la matière, et la matière se développant dans l'esprit.

Dans le premier cercle, l'homme est un être relativement éthéré, par comparaison avec l'état actuel, non pas intelligent, mais superspirituel. De même que les formes végétales et animales qui l'entourent, il occupe un corps immense et léger. Dans le second cercle, il est encore gigantesque et léger, mais son corps devient déjà plus dense et plus solide, un homme plus physique mais encore moins intelligent que spirituel. Dans le troisième cercle son corps est devenu solide et complet : d'abord un singe gigantesque, son intelligence se développant déjà insensiblement, puis dans la seconde moitié du troisième cercle sa stature gigantesque diminue, son corps se perfectionne en forme et il devient un homme véritable. Dans le quatrième cercle l'intelligence accomplit un énorme progrès. Les races par lesquelles le cercle commence se servent déjà du langage tel que nous le comprenons. Le monde produit les résultats de l'activité intelligente et du déclin spirituel. A mi-chemin du quatrième cercle le point culminant de la période des sept mondes est passé.

A partir de ce point, en remontant, l'Ego spirituel commence son combat entre le corps et l'intelligence pour exercer ses pouvoirs ascensionnels. Dans le cinquième cercle le combat continue, mais les facultés transcendantes sont largement développées, bien que le combat entre celles-ci d'un côté et l'intelligence physique de l'autre, soit plus ardent que jamais, car l'intelligence et la spiritualité du cinquième cercle sont plus avancées que dans celui du quatrième. Dans le sixième cercle l'humanité atteint à une hauteur de perfection tant de corps que d'âme, tant d'intelligence que de spiritualité dont les mortels dans nos conditions actuelles ne peuvent aisément concevoir l'étendue. Les combinaisons les plus élevées de sagesse, de bonté et de lumières transcendentales qu'a jamais pu percevoir l'humanité, sera l'état général de l'homme. Ces facultés merveilleuses qui, à de rares époques permettent à quelques êtres privilégiés d'explorer les mystères de la nature, seront alors l'apanage de tout le monde.

Pour ce qui concerne le septième cercle, même le maître occulte le plus communicatif n'a pu nous l'apprendre. L'humanité dans le septième cercle sera tellement d'essence divine que nous autres hommes du quatrième cercle nous ne pouvons même pas en concevoir les attributs.

Pendant que s'opère l'évolution de l'onde vitale humaine dans une planète, chaque monade individuelle est infailliblement réincarnée à plusieurs reprises. Nous ne sommes pas en état, quant à présent de constater quelle est la durée d'une période circulaire. Pour des raisons difficiles à comprendre pour les profanes, les maîtres des sciences occultes n'aiment pas à donner des renseignements numéraires sur la cosmogonie. Une concession cependant a été faite (et elle sera pleinement appréciée par ceux qui étudient les sciences occultes). Il s'agit des nombres qui nous regardent de plus près puisqu'ils nous éclairent sur la période de l'évolution dans laquelle nous nous trouvons.

Pendant que nous sommes dans le quatrième cercle de l'onde vitale humaine à travers les mondes, il se trouve cependant parmi nous quelques personnes appartenant au cinquième cercle. Cela pourrait faire croire que ces personnes nous ont devancés sur la route ascendante dans un autre globe. Ce n'est pas le cas, car il est impossible de dépasser même le globe le plus voisin de ceux qui nous devancent. Mais les monades individuelles peuvent devancer leurs compagnons en développement intellectuel, et devenir ainsi exactement telles que les hommes le seront quand ils auront atteint le cinquième cercle.

Ce progrès peut être accompli de deux manières. Un homme né comme habitant du quatrième cercle peut par l'exercice d'une vie occulte atteindre aux attributs d'un homme du cinquième cercle et devenir ainsi artificiellement un homme du cinquième cercle. Mais indépendamment de ces exercices, un homme dans son incarnation actuelle peut être né homme du cinquième cercle bien qu'il appartienne au quatrième, si la somme totale de ses vertus assemblées de ses incarnations précédentes l'y ont préparé ; autrement dit, une monade peut avoir accompli dans trois cercles et demi autant d'incarnations qu'une autre pendant quatre cercles entiers. Dans moins de trois cercles et demi le résultat n'aurait pu s'accomplir, c'est donc, à présent seulement que nous nous trouvons à mi-chemin sur la moitié de la route de l'évolution de notre planète, qu'il est possible à ceux du cinquième cercle d'apparaître de temps à autre.

Il n'est guère possible dans l'ordre de la nature qu'une monade puisse dépasser ses compagnons de plus d'un cercle. Et malgré cela Bouddha était un homme du sixième cercle, mais ce fait est un mystère qui dépasse nos calculs actuels. Il suffit de dire que l'évolution d'un Bouddha concerne d'autres vues que celles qui traitent des incarnations dans les limites de notre chaîne planétaire.

Puisqu'il a été dit dans les calculs précédents qu'un grand nombre de vies se suivent dans les incarnations successives d'une monade individuelle, il est important, pour éviter des malentendus, de démontrer que la période des temps qui enchaîne ces incarnations est si grande que, toutes nombreuses qu'elles soient, de grands intervalles les séparent.

Assurément on ne peut dire exactement le nombre des années d'une période. On ne peut non plus citer des données sur la durée des différents cercles. Cette durée, pour chacun, varie à l'infini.

Cependant, une des autorités occultes les plus élevées nous a communiqué un fait incontestable. La race actuelle de l'humanité, la cinquième race du quatrième cercle, a commencé son évolution il y a un *million* d'années.

Le cercle n'est pas terminé encore, mais admettons qu'un million d'années ait complété la vie de la race, comment ces années auraient-elles été partagées pour chaque monade individuelle? Dans une race, il doit y avoir en moyenne 100 incarnations. En tous cas, il ne peut y en avoir plus de 120 pour chaque monade individuelle. Mais admettons qu'il y ait eu déjà 120 incarnations pour chaque monade dans la race actuelle, et admettons que la vie moyenne de chaque incarnation ait été d'un siècle. Dans cette hypothèse, il n'y aurait quand même que 12,000 ans de ce million que nous aurions passés dans la vie physique objective contre 988,000 ans passés dans les sphères subjectives. La moyenne serait donc de 8,000 ans entre chaque incarnation.

. . . .

Certainement, les périodes intermittentes sont d'une longueur très variable. Cependant, elles ne peuvent être moindres de 1,500 ans (nous ne prenons pas ici en considération les Adeptes qui se sont placés en dehors des lois du commun) ; et quinze cents ans n'est qu'un intervalle très court entre deux réincarnations.

Nirvana

D'après une idée courante sur le Bouddhisme tel que l'enseigne l'école occidentale, « Nirvana » implique la notion de l'annihilation. Il est possible que cette interprétation soit rationnelle si on juge par l'explication qu'en donne la religion bouddhiste exotérique, mais ce n'est certes pas ce qu'enseigne sur ce sujet la doctrine occulte.

« Nirvana » selon « *Isis dévoilée* » signifie la certitude de l'immortalité personnelle en *Esprit*. L'âme humaine est une émanation plus ou moins matérielle et par conséquent périssable qui doit se dissoudre en particules, c'est un amas de sensations, de passions et d'inquiétudes pendant une existence spéciale quelconque. L'esprit de l'Ego n'arrive à Nirvana que lorsqu'il s'est débarrassé de toutes ces formes qu'il avait prises en suivant l'âme à travers ses migrations, lorsqu'il a rejeté les particules matérielles à chaque transformation progressive dans des sphères supérieures.

Mais l'Esprit ne peut atteindre à cet état tant que subsiste l'*Upadâna* qui est l'aspiration à vivre et à vivre encore.

Car l'*Upadâna* étant un désir intense qui crée la volonté, et la volonté développant la force, la force engendre le mouvement par conséquent la matière, et toute matière se manifeste sous une forme.

Ainsi l'Ego incorporel, par ce seul désir insatiable qui le domine, se fournit à lui-même inconsciemment les conditions successives de son existence sous différentes formes, qui dépendent de son état mental, autrement dit de son *Karma*, soit de l'ensemble de ses actions bonnes ou mauvaises, de son mérite ou démérite.

L'idée fausse que l'Occident s'est toujours faite de « Nirvana » a contribué à discréditer la philosophie Bouddhiste. Revenons donc à la vraie définition qu'elle en donne.

« L'Annihilation » dans la philosophie Bouddhiste signifie seulement la dispersion de la matière dans quelque forme ou apparence que ce soit. Tout ce qui a pris forme et figure a été créé, et pour cette raison même doit périr ou se transformer ; chaque forme n'est que temporaire bien qu'elle semble permanente, ce n'est qu'une illusion « *Maya* ». Par rapport à l'Eternité qui n'a ni commencement ni fin, la durée plus ou moins longue d'une forme quelconque s'évanoüit comme un éclair instantané. Nous n'avons pas encore eu le temps de le constater qu'il a déjà disparu.

Quand l'Entité spirituelle se détache pour toujours des particules de la matière, alors seulement elle entre dans l'éternel et invariable « *Nirvana* ». Elle *existe* comme Esprit ; mais comme forme, comme figure, comme apparence, elle a été annihilée. C'est ainsi qu'il faut entendre : « Il ne mourra plus ». L'Esprit seul n'est pas une illusion *(Maya)* ; l'Esprit seul est la réalité dans un univers d'illusions et de formes passagères.

Le *Nirvana* pour les Bouddhistes c'est l'empire complet de l'Esprit sur la matière.

La *Nirvana* se pourrait encore définir : Le monde des *causes* dans lequel tous les effets illusoires de nos sens disparaissent à jamais.

Dans le Devachan on trouve toujours les sept états ordinaires, correspondant aux différents degrés du développement spirituel, mais même l'état supérieur dans le Devachan ne peut pas être comparé à cette condition admirable de spiritualité pure qu'on entend par Nirvana.

Cette félicité complète et finale de l'« *anima divina* » qui consiste en une existence personnelle absolue, ce n'est ni la foi en telle ou telle religion qui la peut donner, ni même la seule bonté. Car la bonté unie, comme nous le voyons souvent, à l'ignorance qui tolère des croyances parfois bizarres, ne peut conduire l'homme qu'à un état devachanique de pieuse, mais intelligente extase. Ce qu'il faut, c'est la *sagesse* dans le sens du mot latin *sapientia*, le SAVOIR. Et même pas chaque savoir ; mais le savoir philosophique, la science qui traite de l'existence sous trois formes (1) :

1° LA MATIÈRE MANIFESTÉE ET DÉVELOPPÉE (NYAKTA).

2° LA MATIÈRE PREMIÈRE ET NON MANIFESTÉE (AVYAKTA), APPELÉE AUSSI PRAKRITI, TERME QUI SE RAPPORTE A L'ÊTRE SUPRÊME, CELUI QUI EXISTE PAR LUI-MÊME, LE NON-MANIFESTÉ, LA CAUSE PREMIÈRE DE TOUT L'UNIVERS.

3° L'AME CONSCIENTE (INA).

C'est donc par une poursuite continue et un désir réel de la vérité spirituelle que l'homme prépare son âme à cet état qui développera l'omniscience latente de son sixième principe et qui lui donnera les impul-

(1) Tiré de *Sankhya*, la Philosophie de Kapila.

sions nécessaires dans la même direction quand il se réincarnera aux temps voulus.

Après avoir terminé cet énorme trajet de la première planète à la septième, quand l'Ego a accompli toutes ses existenses multiples, y compris les périodes intermédiaires qui séparent chacune de ses réincarnations, il entre alors dans un état spirituel différent de l'état du Devachan, et il y reste pendant un temps infini avant de recommencer sa nouvelle pérégrination à travers les mondes.

Cet état peut être regardé comme le Devachan de tous les états devachaniques, car il est fort supérieur aux précédents. Période extraordinaire d'exaltation si on la compare à toutes celles qui l'ont précédée et qui est regardée par la science ésotérique comme les approches du Nirvana.

Si nous continuons à exercer notre imagination pour percer les vues incommensurables de l'avenir, nous devons nous considérer touchant presque à la période qui correspondrait au septième cycle de l'humanité, dans lequel l'homme est devenu comme un Dieu.

Cette dernière des vies objectives, la plus élevée

et la plus glorieuse, une fois atteinte, l'être spirituel perfectionné se trouve dans une condition d'où son souvenir embrasse toutes ses vies antérieures. Il peut passer en revue l'étonnante diversité de ses incarnations précédentes, qui lui semblent autant de mascarades. Il est en état de les juger, de les apprécier. Pour tout ce qui se rattache à cette chaîne planétaire, il est omniscient.

C'est cet état sublime de repos dans l'omniscence qu'on appelle Nirvana.

Inutile maintenant de revenir sur les discussions soulevées à propos de Nirvana par ceux qui étudient le Bouddhisme exotérique. Dans toute religion, la *vraie* doctrine se trouve dans l'ésotérique, c'est-à-dire dans ce qui a toujours été caché aux profanes.

Nirvana est réellement la clef du Bouddhisme ésotérique. Le grand but de l'évolution entière de l'humanité, c'est de poursuivre perpétuellement la vérité spirituelle, c'est de cultiver l'âme humaine jusqu'à ce que nous devenions aptes à entrer dans cet état dont jusqu'à présent, avec nos conditions d'existence, nous pouvons à peine nous faire une idée.

La Cause première

Plus j'avance dans la lecture du livre admirable de Mr Sinnett « *Esoteric Buddhism* » plus je désire en tirer des extraits à l'usage de ceux qui, ne connaissant pas l'anglais, ne peuvent lire dans l'original cette œuvre où sont présentées avec tant d'élévation et de clarté les grandes doctrines occultes de la Religion de la Sagesse.

Quinconque étudie ces doctrines verra de quelle importance, si on les accepte avec simplicité de cœur et sans préjugé, elles peuvent être pour la régénération de l'humanité ; car ce sont elles qui nous donnent des notions pures et vraies sur la vie intérieure de l'esprit, sur sa durée éternelle et sur l'immensité infinie de l'univers.

Je croyais qu'après avoir parlé de *Nirvana*, destinée finale de l'être spirituel parfait et manifestation du divin, j'avais terminé la tâche que je m'étais imposée ; mais je vois que, sous peine d'être incomplète, il me faut ajouter quelques paragraphes sur ce que les saints

Mahatmas enseignent du Gouvernement de l'Univers.

Osons immédiatement essayer de pénétrer le mystère de la « *Cause première.* »

AUM

LE NOM SACRÉ

A. — NARI NARI NIRADYI. — *La Trinité originale.*

U. — AGNI VAYA et SOURYA. — *La Trinité manifestée.*

M. — BRAHMA VISHNU et SIVA. — *La Trinité créatrice.*

Chacune de ces Trinités devient moins métaphysique au fur et à mesure qu'elle descend. Ainsi, la dernière n'est à la fin qu'un symbole dans son expression concrète, la nécessité d'une conception purement métaphysique.

Ensemble avec Swayambhouva, ce sont les dix Sephiroth de la Kabbale hébraïque, les dix Prajapatis des Indous, l'Ensoph des Hébreux qui correspond au GRAND INCONNU qu'exprime le mystique AUM des derniers.

La doctrine ésotérique sur la nature ne conçoit rien qui ressemble à l'existence d'un Dieu personnel ; et il ne faudrait pas, de l'adoration extérieure du Bouddhisme exotérique qui n'est que pour les profanes, induire que les Mahatmas admettent une divinité anthropomorphique faite à l'image de l'homme.

Ils n'admettent pas davantage qu'on puisse faire de théories sur l'espace qui est au delà du système planétaire, car ils disent : « L'univers étant infini, c'est folie que de vouloir sonder l'insondable et limiter ce qui est sans limites. »

Matière, espace, mouvement et durée, ne constituent qu'une seule substance impérissable de l'univers, non pas une substance qui possède ces quatre attributs mais quelque chose qui à la fois *est* tel et le *sera* toujours. L'évolution commence dans la polarité atomique qu'engendre l'Esprit.

Dans la cosmogonie, les forces positives et négatives, actives et passives, correspondent aux principes mâles et femelles. Le fluide spirituel entre dans le tissu de la matière cosmique, le principe actif est attiré par le principe passif. Pour figurer la chose, on a imaginé le symbole occulte du serpent qui se mord la queue, emblème de l'éternité qui suggère l'idée d'un engendrement éternel et incessant.

Le premier attribut de l'unique principe universel

spirituel, de l'inconscient dispensateur de la vie, doit être de répandre et d'étendre ; celui du principe universel matériel est de rassembler et de féconder. Inconscients et sans vie quand ils sont séparés ils deviennent conscients et vivants quand ils sont réunis.

Le mot Brahma dérive du mot sanscrit *brik*, étendre, grandir ou fructifier. La Cosmogonie ésotérique n'est que la force expansive et vivifiante de la nature dans son évolution éternelle.

Aucune expression n'a plus contribué à dérouter la spéculation humaine sur l'origine des choses que le mot « création. » Mais une fois qu'on admet que notre planète et nous-mêmes ne sommes pas plus une création que ne l'est la transformation de l'eau en glace ou en vapeur, que l'apparence actuelle, géologique et anthropologique, est seulement un état transitoire et se trouvant à un certain degré de l'évolution, alors on est en bonne voie pour penser correctement. On est à même d'entrevoir ce que signifie « Principe unique » ou « Elément de l'Univers » tel que l'entend la Philosophie Indoue quand elle dit que toute chose est « *Maya* » (illusion), sauf le seul élément qui ne repose que pendant le *Mahapralayas* ou les nuits des Brahmes.

Nous trouvons dans toutes les littératures orientales qu'on se refère souvent aux jours et nuits de Brahma, c'est la période de Manvantara et la période de Pralaya.

L'homme a un Manvantara tous les vingt-quatre heures, la période du sommeil et du réveil ; la végétation suit la même loi d'année en année quand elle s'étiole et revit suivant les saisons. Le monde aussi a ses Manvantaras et Pralayas quand le flux de l'onde de l'humanité approche du rivage, passe par l'évolution des sept races et se retire de nouveau. Un tel Mavantara a été regardé par la plupart des religions ésotériques comme le cycle entier de l'éternité.

Le Manvantara supérieur de notre chaine planétaire est celui qui se termine quand le dernier *Dhyan Chohan* ou être parfait du septième cycle de l'humanité parfaite est arrivé au Nirvana.

La chaine planétaire à laquelle nous appartenons n'est pas la seule qui ait pour centre notre soleil. Tel il y a d'autres planètes appartenant à notre chaine, tel il y a d'autres chaines appartenant à notre système solaire. On en compte sept ; et le moment arrivera ou tous entreront ensemble dans le Pralaya.

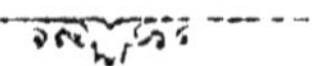

Les Dhyan Chohans

L'énorme intervalle de temps et d'espace dans lequel se meut et opère notre système solaire est accessible à l'examen des adeptes mortels de la science ésotérique. En dedans de ces limites ils ont la connaissance de tout ce qui se passe ; ils savent que tout y est conduit par la volonté collective des esprits planétaires agissant sous la loi de l'évolution qui régit toute la nature. Et dans leur communication avec ces esprits planétaires, ils apprennent d'eux que la même loi qui régit ce système solaire régit également les autres où peut plonger leur regard.

Ces esprits planétaires appelés les Dhyan Chohans sont les gardiens et les guides des planètes et de tout ce qui se trouve sur elles. Si nous avons nos Dhyan Chohans, de même les règnes animal et végétal ont les leurs, plus élémentaires sans doute, mais qui n'en veillent pas moins avec une aussi minutieuse sollicitude.

Tel que dans l'espèce humaine les enfants sont soignés en bas âge, pour à leur tour, quand ils sont grands, prendre soin de la génération suivante, ainsi dans l'humanité entière de la grande période des Manvantaras, les hommes d'une génération deviennent les Dhyans Chohans de la suivante, et, à mesure qu'ils avancent dans le progrès, ils cèdent la place à d'autres qui la céderont à d'autres encore quand eux-mêmes seront arrivés à de plus hautes conditions d'existence.

Ces êtres supérieurs, la quintessence de l'humanité antérieure, bien qu'étant loin d'être un Dieu suprême, règnent cependant d'une manière divine sur les destinées de nos mondes, mais sont loin d'être omnipotents ; leurs limites d'action sont même assez restreintes. Car eux-mêmes sont soumis à des lois et agissent sous la direction et l'influence d'intelligences plus élevées qui sont associées au système solaire, les Dhyan Chôhans de l'humanité parfaite du Manvantara supérieur.

Ces Dhyan Chohans ou esprits planétaires donnent aux mondes qui se réveillent vers la fin d'une chaîne planétaire Pralaya, une telle impulsion que l'évolution s'en ressent à travers tout son progrès. Ils ne peuvent pas dire que le Paradis soit en tout lieu, que l'homme soit né bon et sage, ils ne peuvent que travailler par le principe de l'évolution. Ils ne peuvent pas non plus empêcher que le mal fait produise la souffrance. La vie objective est le terrain dans lequel le germe de vie est planté ; l'existence spirituelle est la fleur qu'on ceuillera à la fin.

On se demandera à quoi tend et où doit aboutir ce travail éternel ? Pourquoi la nébuleuse se condense en des mondes tels que l'esprit universel vibrant à travers la matière y produit les formes et la vie, et tous ces états supérieurs de la matière dans lesquels se développe ce que nous nommons la vie subjective ou existence planétaire ?

Eh ! quoi ! n'est-ce pas une fin admirable que des êtres aussi sublimes que les esprits planétaires soient le résultat de cette évolution, et qu'ils puissent mener une vie consciente de savoir suprême, et de félicité sans bornes, pour un temps tellement vaste qu'il équivaut à nos notions sur l'éternité.

Tout, — simultanément, — passera par cette grandeur incommensurable. Car l'esprit qui se trouve dans chaque forme animée, et qui s'est développé d'une forme que, faute de la concevoir exactement, nous avons l'habitude de nommer inanimée, avancera sans nul doute lentement mais sûrement dans la voie du progrès jusqu'à ce que son influence sur la matière ait développé une âme humaine.

Ceci n'explique pas que les animaux et les plantes qui nous entourent aient en eux le principe qui se transformera en âme humaine dans le cours de cette Manvantara, mais bien que le progrès puisse être suspendu pendant une période de repos naturel, il reprendra son cours dans une autre période. Chaque monade spirituelle se frayera le chemin à travers les formes inférieures jusqu'à ce qu'elle ait atteint la forme la plus sublime.

Les écrits Bouddhistes mentionnent des incarnations antérieures dans lesquelles le Bouddha lui-même aurait été un animal quelconque ; mais ces forment se réfèrent au cours d'une évolution préhumaine qui entraient dans sa vision rétrospective complète.

Toutefois le Bouddhisme ne croit à rien qui ressemblerait à une transmigration de l'animal à l'homme ; ce serait plutôt l'évolution Darwinienne dans son développement scientifique.

Au commencement de chaque grande période planétaire, quand l'obscurcissement touche à sa fin et que l'onde humaine recommence son rayonnement à travers la chaine des mondes, quand l'humanité retourne sur ces globes où la vie a été éteinte pendant des millards d'années, (et rappelez-vous que l'évolution des règnes minéral, végétal et animal, précède cette apparition), à cette humanité en enfance il faut un maître pour l'aider à se développer.

C'est alors qu'apparaît cet être qui peut être appelé le Bouddha de la première race. L'esprit planétaire ou Dyhan Chohan ou plutôt les esprits planétaires, qui sont conjointement le Bouddha dans tout son épanouissement (il paraît que l'ensemble des Dyhan Chohans forme un Bouddha) se réincarnent parmi l'humanité nouvelle et imprégne ces éléments qui les ont devancés des notions du bien et du mal et des premières vérités de la doctrine ésotérique qu'ils enseignent aux plus aptes d'entre eux. Ceux-ci les transmettent de génération en génération. Et c'est ainsi que ces enseignements se conservent jusqu'à ce que la première race ait achevé son cours.

C'est l'avènement de cet être divin sous forme humaine à chaque période d'un cercle nouveau qui malheureusement entretient dans la religion exotérique l'idée d'un dieu anthropomorphique.

Il n'est point paradoxal de soutenir que c'est par ignorance que les théologiens croient tout savoir sur Dieu. L'esprit planétaire réellement incarné parmi les hommes au commencement du premier cercle était le vrai type d'une divinité personnelle dans toute l'acception du terme.

Pour l'homme crédule il n'y a donc méprise que sur le degré.

Le Dieu personnel d'un Manvantara inférieur a été considéré comme le créateur de tout l'univers. Erreur bien pardonnable : l'homme ne connaissant rien du monde, sinon son incarnation actuelle, était conduit à croire que tout ce qui était au delà n'était qu'un futur spirituel. Naturellement pour lui le Dieu de cette vie était le Dieu de toutes les vies, de tous les mondes et de toutes les périodes.

STATUTS

SOCIÉTÉ
THÉOSOPHIQUE
D'ORIENT ET D'OCCIDENT

Fondée à Paris le 28 Juin 1883

SOUS LA PRÉSIDENCE DE

LADY CAITHNESS, DUCHESSE DE POMAR

STATUTS

Article premier

Il est constitué, à Paris, une Société sous le titre suivant :

Société Théosophique d'Orient et d'Occident.

Art. 2.

Cette Société accepte le programme de la Société Théosophique de Madras (Inde), formulé dans les paragraphes suivants :

1° Former une fraternité universelle de l'humanité, sans distinction de croyance, de couleur ou de race ;

2° Favoriser l'étude de la littérature, des religions et des sciences de l'Orient et en faire ressortir l'importance ;

3° Se livrer à des recherches sur les lois encore inconnues de la nature et sur les pouvoirs psychique latents dans l'homme.

Art. 3.

La Société Théosophique, qui se fonde à Paris, aura aussi pour but d'étudier les lois de la philosophie naturelle en comparant entre elles les découvertes faites soit en Orient, soit en Occident.

Elle recherchera si les documents anciens et modernes qui nous viennent de l'Inde, ne jettent pas quelque lumière sur les problèmes scientifiques et sociaux qui occupent notre époque.

ART. 4.

En se vouant à des études soit théoriques, soit expérimentales, sans idée préconçue, la Société estime cependant que toute spéculation de la pensée ou toute découverte scientifique devrait avoir pour but de développer les principes supérieurs qui sont dans l'homme et d'affirmer la fraternité et la solidarité humaine.

ART. 5.

La Société ne représente aucune religion spéciale. Elle comprend dans son sein des personnes professant les croyances les plus variées. Elle ne réclame de ses membres que le respect absolu de ses statuts. Elle fait appel à tous ceux qui aiment vraiment l'humanité et qui désirent l'abolition de ces détestables barrières créées par les races, les croyances intolérantes, les castes ou les classes sociales, barrières qui ont si longtemps et si tristement arrêté le progrès humain ; à tous ceux qui aiment la *Vérité*, n'importe où elle peut se trouver, à tous les philosophes de l'Orient et de l'Occident ; enfin, à tous ceux qui, mécontents d'une vie mondaine, aspirent à quelque chose de plus élevé et sont prêts à faire les sacrifices nécessaires pour l'obtenir.

ART. 6.

La Société est administrée par un Comité de vingt et un membres nommés pour trois ans, en Assemblée générale, et renouvelables annuellement par tiers. Les membres sortants sont indéfiniment rééligibles. Les deux premières séries de Membres sortants seront désignées par la voie du sort.

ART. 7.

Le Comité nomme lui-même son bureau composé comme suit, et choisi, autant que possible, de moitié entre les deux sexes : un Président, trois Vice-Présidents, un Secrétaire général, deux Secrétaires, un Trésorier, un Trésorier-adjoint.

ART. 8.

Le Comité accorde à son bureau plein pouvoir pour traiter des affaires de la Société, à la charge de lui faire un compte-rendu régulier de ses actes et de tenir compte de ses délibérations.

. . . .

Art. 9

Il y aura, chaque année, une Assemblée générale. Sur la demande de sept Membres du Comité, au moins, une Assemblée extraordinaire peut être convoquée.

Art. 10.

L'Assemblée Générale annuelle recevra le compte-rendu du Comité pour l'année écoulée et procédera au renouvellement partiel du Comité, ainsi qu'il est dit à l'article 6. Elle donnera décharge au Trésorier et fixera le budget de l'année suivante.

Art. 11.

Pour faire partie de la Société, il faut être présenté par deux Membres et être agréé par le Comité. Le nouveau Membre s'engage à travailler pour le bien de la Société, dans un esprit de fraternité à l'égard de tous ses Collègues et avec cet amour sincère de la vérité qui est prêt à étudier toutes choses sans opinion préconçue.

Art. 12.

Chaque Membre qui entre dans la Société se trouve, par cela même, admis dans la Société Théosophique de Madras. Il doit, à cet effet, signer un engagement qui n'est point secret et dont la formule se trouve dans le Règlement intérieur.

ART. 13

Chaque Membre devra payer une cotisation annuelle de 10 francs et un droit d'entrée de 25 francs à la Société de Madras.

Le Président est autorisé, dans les cas où il le jugera bon, à dispenser le nouveau Membre de sa cotisation de 10 francs pour *la première année*, en considération du droit d'entrée exigé par le Conseil général des Indes.

ART. 14.

Le titre de *Membre honoraire* pourra être décerné par le Comité aux personnes qui se sont distinguées par leurs travaux ou par les services rendus à la Société.

ART. 15.

Le titre de *Membre fondateur* est acquis à tous ceux qui ont fait partie du Comité d'initiative. Il sera également accordé à toute personne qui versera une somme minimum de 100 francs à son entrée dans la Société, sans préjudice de sa souscription annuelle. Le droit d'entrée affecté à la Caisse centrale des Indes sera pris sur ces 100 francs.

ART. 16.

Les fonds de la Société seront consacrés aux frais d'administration et à la propagande de ses idées et de ses travaux par tous les moyens jugés opportuns.

ART. 17.

En cas de dissolution de la Société, l'emploi du reliquat disponible sera réglé par une Assemblée générale convoquée à cet effet.

ART. 18.

Afin d'encourager l'activité de tous les Membres il y aura, une fois par mois au moins, une réunion de la Société, où chacun pourra présenter ses travaux et exposer ses idées. Il y sera aussi donné communication de tous les documents émanant de l'Inde ou des autres Sociétés Théosophiques. Les demandes pour présentations de travaux devront être adressées au Comité au moins huit jours à l'avance. Le Comité a le droit de refuser ce qui lui paraîtrait en dehors du programme d'étude de la Société.

ART. 19.

Les auteurs des travaux présentés sont instamment priés d'en laisser un résumé ou une copie à la Société, pour constituer ses archives. Chacun d'eux restera seul propriétaire de ses travaux et rien ne pourra en être publié sans son autorisation.

ART. 20.

La Société devra toujours conserver dans ses votes une attitude de neutralité absolue à l'égard des religions, des écoles philosophiques, des partis politiques ou des autres sociétés quel que soit le but qu'elles poursuivent.

ART. 21,

Tout en maintenant les articles VI et VII comme affirmation de principes, le Comité d'Initiative désirant exprimer à sa Présidente, sa reconnaissance et sa haute appréciation de ses travaux sur les questions qui sont du ressort de la Société, nomme LADY CAITHNESS, DUCHESSE DE POMAR, PRÉSIDENTE A VIE.

NOTA. — Les lettres pour Madame la Présidente devront être adressées, 51, rue de l'Université, Paris.

Les communications pour affaires courantes devront être adressées au Secrétaire général, Mme de Morsier, 71, rue Claude-Bernard, Paris.

Les souscriptions et cotisations doivent être envoyées à Mr Lechaut, Trésorier, 16, rue de Grammont, Paris.

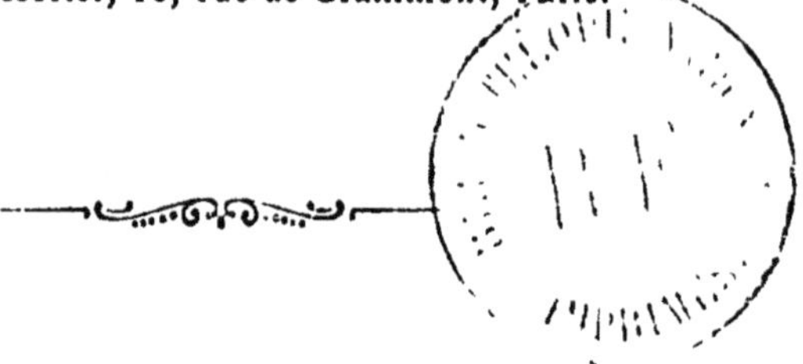

Documents manquants (pages, cahiers...)

NF Z 43-120-13

www.ingramcontent.com/pod-product-compliance
Ingram Content Group UK Ltd.
Pitfield, Milton Keynes, MK11 3LW, UK
UKHW021006200726
13857UKWH00004B/1302

9 782012 851399